PROFIT

ist

MEHR-WERT-SCHÖPFUNG

Jochen Schleef

PROFIT
ist
MEHR-WERT-SCHÖPFUNG

Bibliografische Information der Deutschen Nationalbibliothek:
Die Deutsche Nationalbibliothek verzeichnet diese Publikation
in der Deutschen Nationalbibliografie; detaillierte bibliografische
Daten sind im Internet über https://portal.dnb.de/ abrufbar.

© 2021 Jochen Schleef
Grafik: ixpert/shutterstock.com
Satz, Umschlaggestaltung, Herstellung und Verlag:
BoD – Books on Demand, Norderstedt

ISBN: 978-3-7534-2981-6

Von der Schöpfung *profitieren*
dürfen und müssen wir.
Wenn wir die Schöpfung jedoch
gewinnen wollen,
verlieren wir uns selbst.

Auch in diesem Büchlein möchte ich Ihnen Mut machen, Dinge zu ändern, welche wir ändern können, und keinesfalls Ängste hervorrufen oder schüren, ganz im Gegenteil. Vielleicht lässt sich anhand der folgenden Fragen ein Status beschreiben, aus dem möglicherweise jeder für sich selbst seinen eigenen Weg zu mehr Zufriedenheit, Fröhlichkeit und zu nachhaltigem Profit für sich und andere ableiten kann. Was haben wir erreicht? Wie viel haben wir gewonnen? Wie viel hat es gekostet? Und wie hoch ist der Profit?

Um den Profit geht es in diesem Büchlein. Hat Wolfgang Mocke recht mit seiner Bemerkung zum Unterschied von Gewinn und Profit: »Der Gewinn ist in der Regel kleiner«?

Ich möchte Ihnen Sichtweisen vorstellen, ohne jeglichen Anspruch auf Allgemeingültigkeit. Sichtweisen, welche im

Sog der immer schnelleren Entwicklungsgeschwindigkeit unserer sogenannten Zivilisation zunehmend in Vergessenheit gerieten und in jüngster Zeit wieder an Bedeutung gewinnen. Diesen hoffentlich noch wachsenden Trend in seiner individuellen Vielfältigkeit zu unterstützen, war mein persönlicher Ansporn, dieses Büchlein zu schreiben.

Widmen möchte ich dieses Büchlein …

… all jenen, welche sich körperlich, seelisch und/oder wirtschaftlich in einer extremen Lage befinden und nicht wissen, wie es weitergehen soll. Ich möchte Ihnen Mut machen. Kämpfen Sie, denn das können Sie an jedem neuen Tag in Ihrem Leben. Es lohnt sich! Aufgeben hingegen können Sie nur einmal.

… all jenen, welche helfen können und wollen, mit der Bitte, dies auch weiterhin zu tun beziehungsweise damit zu beginnen. Verändern Sie friedvoll und unnachgiebig unsere Gesellschaft, wo es nötig ist, um das aktuelle und zukünftige Leid vieler zu mildern. Sie werden mit Zufriedenheit Hürden überwinden und profitieren letztendlich auf vielfältige Weise auch selbst davon, garantiert.

Ihr
Jochen Schleef

Ist das Schiff unserer Zivilisation aus dem Ruder gelaufen?

Was bedeutet überhaupt »aus dem Ruder laufen«? Ein Segelschiff ist in der Regel so konstruiert, dass der stabilisierende Kiel beziehungsweise das Schwert, welcher es vor dem Kentern schützen soll, tiefer ins Wasser ragt, also länger ist als das Ruderblatt, welches der Kurssteuerung dient. Segelt man nun beispielsweise bei Starkwind riskant hoch am Wind, das heißt mit vollem Seitenwind, womöglich noch mit vollen, ungerefften Segeln, so neigt sich das Schiff erheblich. Werden nun weder der Kurs geändert noch die Segelfläche verringert, also alle Warnsignale »in den Wind geblasen«, so kann es passieren, dass eine unerwartete Böe oder Welle das Schiff so weit neigt, dass das Ruderblatt an kurssteuernder Wirkung verliert. Das Schiff läuft dann »aus dem Ruder«, es dreht sich mit einem großen Getöse in den Wind und richtet sich ruckartig wieder auf, ohne in dieser Position die Fahrt wiederaufnehmen zu können. In der Regel nehmen das Material und die Crew dabei, wenn sie nicht genügend gesichert sind, erheblichen Schaden.

Könnte im übertragenen Sinn das Corona-Virus die nicht eingeplante Böe oder Welle in unserem Gesellschaftssystem sein? Wer gewinnt dabei und vor allem, wie viele verlieren? Ist der materielle Schaden höher zu bewerten als der menschliche? Oder bedingen sich beide gegenseitig? Übertragen gesprochen: Wer steht am Ruder und wer hat das Kommando?

Sehr wichtig ist mir anzumerken, dass die Sichtweisen, die ich im Folgenden vorstelle, sicherlich mit emotionalem, aber auch mit möglichst rationalem Hintergrund ohne Anspruch auf Allgemeingültigkeit sind. Dazu habe ich nicht die Qualifikation und auch nicht das Recht. Was mir hingegen wichtig ist: Ich möchte Wege für ein gemeinsames Ziel aufzeigen.

Und nun zurück zum Bild des Schiffes. Selbstverständlich muss zunächst allen zu Schaden gekommenen Menschen geholfen werden und mit allen zur Verfügung stehenden medizinischen und wirtschaftlichen Mitteln Sorge dafür getragen werden, dass möglichst kein noch größerer menschlicher Schaden entsteht. Nur muss auch das Schiff wieder instand gesetzt werden, denn darauf lebt die Crew. Es ist ja bei Weitem nicht alles schlecht, was dieses Schiff ausmacht. Ist jetzt nicht die Gelegenheit, einzelne Bauteile komplett auszuwechseln, anstatt sie zu flicken? Weitere Stürme sind ja bereits vorhanden beziehungsweise im Anmarsch.

Entscheidend ist nun, wer das Kommando bei der Überholung übernimmt. Ist es jemand, welcher aus der Vielzahl der erforderlichen friedvollen und nachhaltigen Ideen in Kooperation mit den Ideengebern eine umsetzbare Strategie entwickelt und diese auch realisiert, oder ist es jemand, der sich als alleiniger Gewinner sehen und notwendige Verlierer hervorrufen möchte, dabei jedoch übersieht, in welche Gefahr er sich damit auch selbst begibt?

Verdeutlichen möchte ich das noch einmal am Beispiel des Segelschiffes. Ich habe den Eindruck, dass einige als zukunftsorientierte Lösung eine Verlängerung des Ruderblattes anstrebe, wie bei einer Rennyacht. Die Geschwindigkeit kann dadurch vielleicht kursstabil erhöht werden. Doch Vorsicht! Bei einer vergleichbar kritischen Situation wie eben beschrieben läuft die Yacht nicht mehr nur aus dem Ruder, sie kentert unweigerlich und endgültig.

In einer solchen Überarbeitung sehe ich für die Gesellschaft überhaupt keine friedvollen und nachhaltigen Aspekte. Wahrscheinlich fehlt mir dafür der geistige Horizont. Aber da ich eine solche Strategie nicht verstehe, habe ich auch kein Verständnis dafür. Die Geschichte zeigt doch, was passieren wird. Da sich der Mensch im Allgemeinen als intelligent und lernfähig erweist, drängt sich die Frage auf, ob es sich bei solchen Ruderführern um eine besondere Spezies handelt.

Nachfolgend möchte ich Ihnen Sichtweisen zu den im Titel genannten Leitwörtern vorstellen, beginnend mit dem letzten, der Schöpfung, dem Fundament. Darauf aufbauend, versuche ich dann den Bogen über Wert, mehr Werte hin zum Profit zu schlagen.

Die Schöpfung

Zur Schöpfung der Erde und des Universums gibt es bekanntlich viele Philosophien und Theorien, sei es die bildliche Sieben-Tage-Beschreibung oder der Urknall. Letztendlich mag vielleicht jeder Recht haben, nur müssen oder können wir die Schöpfung überhaupt verstehen? Albert Einstein mit seinem extrem hohen geistigen Horizont formulierte einst: »Falls Gott die Welt geschaffen hat, war seine Hauptsorge sicher nicht, sie so zu machen, dass wir sie verstehen können.« Deshalb wohl erhielten wir für den Umgang mit ihr ein Reglement.

Im Folgenden möchte ich Ihnen eine grundsätzlich andere Sichtweise vorstellen. Unbestritten ist doch, dass *jede Schöpfung* mindestens einer *Schöpferin* beziehungsweise einem *Schöpfer* zuzuordnen ist. Dies ist der Fall sowohl in allen Künsten als auch in sämtlichen anderen Bereichen. Nun haben alle realen Ergebnisse menschlicher Kreativität eindeutig ihren Ursprung in der irrealen Fantasie des Planers. Die Wahl der Materialien und Hilfsmittel ist vielfältig und lässt sich durchaus erforschen. Die Frage ist jedoch, aus welcher Kraft beziehungsweise aus/mit welcher Energie wurde/wird jegliche Form der Schöpfung zielorientiert so gestaltet, dass sie gerade diese Gestalt angenommen hat? Ist nicht die Fantasie der Schlüssel zur Umsetzung einer Idee, eines Vorhabens?

Alber Einstein sagte zur Fantasie: »Fantasie ist wichtiger

als Wissen. Denn Wissen ist begrenzt. Fantasie aber umfasst die ganze Welt.«

Zwei reale Beispiele möchte ich dazu anführen.

Karl May schrieb im Gefängnis weltberühmte Geschichten mit genauen Schilderungen. Warum sollen hier ein Buch oder Bücher als Beispiel dienen? Weil jeder sie anders liest, sich in anderen Personen oder Ereignissen wiederfindet und beim nochmaligen Lesen wieder anders, obwohl doch alle dieselben Geschichten lesen, bestehend aus denselben Wörtern und Buchstaben. Und warum Karl May? Er war niemals an den von ihm beschriebenen Ort gewesen, sondern befand sich zu dieser Zeit im Gefängnis.

Welch eine reale und geniale Schöpfung der individuellen Fantasie, die Schilderungen zu so vielfältigem Leben erwecken kann!

Das andere Beispiel: Ludwig van Beethoven komponierte trotz bereits vollständigem Verlust seines Gehörs die weltberühmte 9. Sinfonie.

Warum Musik als Beispiel, in diesem Fall von Beethoven? Sicherlich kannte er die Klänge seiner Komposition, jedoch hören konnte er sie nicht mehr. Nur mit seiner genialen künstlerischen Fantasie konnte er sie sich vorstellen. Selbst die Wahrnehmung des tosenden Applauses nach der Uraufführung war ihm ausschließlich visuell möglich. Weltweit erkennen Musikwissenschaftler in seinem Werk die Harmonien ihrer Zivilisation. Jeder nimmt die Musik unterschiedlich und jedes Mal anders wahr, obwohl doch immer dieselben Noten gespielt werden.

Welch reale und geniale Schöpfung aus der individuellen Fantasie, die Noten zu vielfältigem Leben erweckt!

Nochmals gefragt: Müssen wir die Fantasie als Ursprung alles Realen wirklich gänzlich verstehen oder ist es ein Teil göttlicher Schöpfung in uns, aus dem heraus wir schöpferisch tätig werden und welcher sich eines Tages wieder zu einem Ganzen zusammenfügt?

Heißt das nicht, mit der Toleranz der friedvollen Fantasie die Elemente der Schöpfung zu gestalten? Könnte diese mit dem Befehl »Macht euch die Erde Untertan« (Genesis 1,28) beauftragt sein? Gestaltet sie so fürsorglich, wie ihr für einen Untertan verantwortlich seid.

Die irrationale Fantasie als Grundlage zur realen Umsetzung ist dynamisch und verändert sich somit bei ihrer realen Umsetzung permanent. Marcel Proust formulierte es so: »Die Erschaffung der Welt hat nicht ein für allemal stattgefunden, sie findet unabwendbar alle Tage wieder statt.« Alle Tage heißt doch ewiglich im Raster der Schöpfung der Zeit. Unter dieser Sichtweise interpretieren Sie doch bitte das Zitat von William Blake: »Die Ewigkeit ist verliebt in die Schöpfung der Zeit.«

Was ich mit all diesen Worten zu erreichen versuche, ist, einen rationalen, logischen Zusammenhang zwischen der unreal scheinenden Welt mit der damit direkt verbundenen sichtbaren, greifbaren und fühlbaren Welt, welche sich mittelbar und unmittelbar bedingen, vorstellbar zu machen.

Betrachten wir aus dieser Perspektive die beiden Sprichwörter »Ich sehe, was ich glaube« und »Ich glaube, was ich sehe«. Zunächst auffallend ist doch die gemeinsame Kernaussage: *ICH GLAUBE!* Heißt das nicht auch übereinstimmend: Ich habe Fantasie! Angeblich widersprechen sich beide Aussagen grundsätzlich. Diese Auffassung teile ich nicht. Ganz im Gegenteil bin ich der festen Überzeugung, dass sich beide Aussagen bedingen. Wenn ich etwas aus bestehenden Elementen gestalten möchte, so muss ich doch in meiner Vorstellung erst einmal sehen, was ich glaube, bevor ich dann im Umgang damit glaube, was ich sehe.

Wenn die Fantasie, also die Kreativität des Glaubens, ein Schlüssel zur Ewigkeit ist, wird dann das nun noch einmal aufgeführte Zitat von William Blake: »Die Ewigkeit ist verliebt in die Schöpfung der Zeit«, nicht ein ganz realer Hintergrund für das, was wir in und mit unserer Zeit bewirken? Bewirken mit welchen überwiegenden Eigenschaften? Mit den Eigenschaften der Qualität, also mit dem Anspruch auf etwas Dauerhaftes oder mit der Eigenschaft kurzfristiger Erträge. Beide sind in vielfältiger Ausprägung Elemente der Schöpfung.

John Steinbeck formuliert es wie folgt: »Menschliche Eigenschaften wie Güte, Großzügigkeit, Offenheit, Ehrlichkeit, Verständnis und Gefühl sind in unserer Gesellschaft Symptome des Versagens. Negativ besetzte Charakterzüge wie Gerissenheit, Habgier, Gewinnsucht, Gemeinheit, Geltungsbedürfnis und Egoismus hingegen sind Merkmale des Erfolges. Man bewundert die Qualität der ersten und begehrt die Erträge der letzten.«

Entscheidend ist nun, für welchen Teil unserer Fantasie wir uns tendenziell entscheiden. Absolut ist das nicht möglich und ich glaube, das ist auch so gewollt, denn aus Erfolgen können wir und aus Fehlern müssen wir lernen. Und Lernen ist der Treibstoff zum Glück.

Welchen Wert messen wir der Schöpfung als ganzer bei? Welchen Wert messen wir jedem von uns selbst bei? Geleitet von welchen *Wert*vorstellungen gestaltet ein jeder von uns die Schöpfung?

Der Wert
Mehr Werte

Welchen Wert messen wir den Elementen der Schöpfung bei? Kann es sinnvoll sein, diesen Elementen mehr oder teilweise andere Werte zu verleihen, denn dauerhaft behalten können wir sie nicht, wir dürfen sie aber weitergeben. Und bitte noch mal: Ich möchte Ihnen hier Sichtweisen, teilweise geprägt durch persönliche Erfahrungen, vorstellen, mehr nicht. Mein Wunsch ist es, mit meinen Darstellungen eine für jeden individuell zu verstehende Nachvollziehbarkeit zu erreichen, um anhand von Beispielen Optionen für die eigene Lebensplanung aufzuzeigen. Keine Ratschläge oder Empfehlungen!

Vergleichen wir unser Leben doch einmal mit einer Reise, einem Ausflug, lang oder kurz, je nach der verfügten Zeitspanne. Jeder möchte möglichst viel er*leben* und freut sich darauf, denn man möchte und darf somit in dieser Zeitspanne etwas Schönes dazugewinnen. Leben heißt dynamische Veränderung, also tätig zu werden, zu schaffen. Theodor Fontane beschreibt das wie folgt: »Die Tränen lassen nichts gewinnen, wer schaffen will, muss fröhlich sein.« Er sagt nicht, dass Tränen auch ein Ansporn zum Schaffen sein können. Darauf gehe ich später noch ein. Nun bekommt ein jeder zu Beginn der Reise von seinen Eltern, seiner Schöpferin beziehungsweise seinem Schöpfer, ein Taschengeld, sogenannte Talente mit. Die/der eine vielleicht mehr, die/der andere weniger, je nachdem, wie man ihr/ihm zutraut, damit umzugehen. Was machen wir damit? Welchen Wert haben diese für uns, denn wir können ja frei darüber verfügen. Ist es nicht der Wunsch eines Kindes, wenn es nach einem Ausflug wieder nach Hause kommt, etwas mitzubringen, was seinen Lieben *gefällt*?

In Nummer 37 des evangelischen Gesangbuches heißt es: »Ich komme, bring und schenke dir, was du mir hast gegeben. Nimm hin … und lass dir's wohl gefallen.« *Die Liebe* im ubertragenen Sinn können wir uns nicht er- oder verdienen, sie *ist da*. Sollte sie in der Werteskala nicht den fröhlichen, beruhigenden ersten Platz einnehmen, aus dessen Sichtweise wir die Elemente der Schöpfung werthaltig gestalten?

Vergleichen wir unsere jeweiligen Fantasie verbunden mit den Talenten doch einmal mit einem individuellen und kostbaren Rohdiamanten. Das Leben, wenn wir uns ihm aktiv stellen, wird ihn schleifen und polieren. Nur in welcher Qualität? Wird er eines Tages zerbrechen oder entsteht aus des Meisters Hand einmal ein einzigartiger, edler Brilliant?

Eine Fassung braucht ein jeder, denn wir benötigen ja Halt hier auf Erden. Nur um welchen Preis? Eine Antwort hierauf gibt Ludwig Börne: »Die Fassung der Edelsteine erhöht ihren Preis, nicht ihren Wert.«

Unsere eigene Fassung, die Krone des Edelsteins der Schöpfung, wählen und gestalten wir selbst. Es kann tendenziell eine durchaus edle sein, welche zielgerichtet den Edelstein hervorhebt, oder eine mehr oder weniger pompöse Dornenkrone als Blickfänger. Ein solch pompöser Blickfänger soll die Wertigkeit der Persönlichkeit auf diesen richten und nicht auf den durch die innenliegenden Dornen bereits stark be- beziehungsweise geschädigten Edelstein.

Haben wir eine Wahl getroffen – welche sich im Laufe des Lebens durchaus ändern kann –, so ergibt sich daraus die Entscheidung, mit welchen Werten wir stets mit einer hohen Eigenwertigkeit anderen Menschen, den Tieren, der Umwelt und der Natur begegnen.

Unsere Natur und Umwelt leidet.

Über die bereits bestehenden Probleme und die bevorstehenden Katastrophen wurde und wird sehr viel berichtet. Ich möchte im Folgenden eine Sichtweise vorstellen, welche zunehmend an Bedeutung gewinnt, in der Hoffnung, hiermit meinen Beitrag zu ihrer weiteren Realisierung leisten zu können.

Welchen Wert hat eine gesunde Produktion von Nahrungsmitteln, also eine mit Bereitstellung von nachhaltiger Verfügbarkeit und natürlichen Ressourcen, beispielsweise im Vergleich mit Luxusautos und Fernreisen für uns? Sind nicht unter anderem die Landwirte entgegen ihrer zunehmend ökologischen Überzeugung existenziell gezwungen, immer mehr Pestizide einzusetzen? Heute kaufen wir billig ein und morgen leiden wir unter unseren körperlichen

Schädigungen beziehungsweise es hungern noch mehr Menschen. Müssen wir wirklich wertvolle Ackerflächen zum Anbau von Lebensmitteln nutzen, um diese anschließend für die Stromgewinnung zu verbrennen?

Unser Klima droht zu eskalieren.

Es bedroht zunehmend uns alle.

All diese Probleme sind bekannt und werden umfangreich diskutiert. Doch wer zieht die Fäden und lenkt geschickt mit wessen Unterstützung von welchen Problemen ab? Handelt es sich nicht um wesentliche Elemente zur Sicherung unserer Grundexistenz? Letztendlich liegt es an jedem von uns, denn jeder ist sehr wichtig! Verzichten wir doch auf einen weiteren exklusiven Dorn an unserer Krone, auch wenn unser Nachbar ihn vielleicht bereits hat und geben der Nachhaltigkeit mehr Werte für mehr Profit für alle!

Unsere Tiere leiden.

Wir alle wissen, dass Tiere unter anderem auch Stress und Schmerzen empfinden. Dennoch wird immer mehr Tieren unter qualvollen Bedingungen bis zum Tod ein Leben zugemutet, nur um das Überangebot an Massenfleischprodukten über den Preis noch zu erhöhen. Ist Tierquälerei ein Kavaliersdelikt geworden? Allein der Einsatz hochdosierter, dauerhaft verabreichter Medikamente in Verbindung mit genmanipuliertem Futter lässt doch auch hier die Schlussfolgerung zu: Heute kaufen wir billig und morgen haben wir unsren Körper geschädigt.

Es geht doch auch anders. Für zahlreiche Mast- und einige Schlachtbetriebe ist das Tierwohl wichtig geworden. Nur, welchen Wert hat eine solche Kursänderung für alle, also jeden von uns, der es sich wirtschaftlich erlauben kann? Verzichten wir doch auf einen weiteren exklusiven Dorn an unserer Krone, auch wenn unser Nachbar ihn vielleicht bereits hat, und geben wir der Nachhaltigkeit mehr Werte für mehr Profit für alle.

Können Menschen, ihre Umstände berücksichtigend, aus deutscher Sicht überhaupt unwürdig behandelt werden? Die Würde eines Menschen lässt sich doch direkt aus den Werten ableiten, welche man diesen beimisst. »Die Würde des Menschen ist unantastbar.« So beginnt das Grundgesetz für die Bundesrepublik Deutschland in Artikel 1.

Da es im Folgenden nun nochmals ein wenig düster werden wird, möchte ich aus meiner Sicht als Lichtblick klarstellen, dass sich gerade in der jüngsten Vergangenheit und zurzeit insbesondere in Deutschland unzählige Menschen mit einem unerschöpflichen Engagement für die Werte der Mitmenschlichkeit einsetzen. Das ist absolut bewundernsund dankenswert!

Beispielhaft nun ein paar Fragen zu dem eben zitierten Grundsatz:

Wie ist es mit der Würde, den Grundwerten der Hungernden? Sind diese keine Menschen? Was sind sie dann?

Wie ist es mit der Würde, den Grundwerten der Flüchtlinge in den Camps? Sind diese keine Menschen? Was sind sie dann?

Wie ist es mit der Würde, den Grundwerten der Leiharbeiter, welche unter menschenunwürdigen Verhältnissen leben und arbeiten müssen? Sind diese keine Menschen? Was sind sie dann?

Wie ist es mit der Würde, den Grundwerten der Behinderten? Wie begegnen wir diesen Menschen und wie behandeln wir sie? Obwohl es in Deutschland auch für diese Gruppe eine gewisse soziale Absicherung gibt, stellt sich doch die Frage, ob sie durch ihre Hilfsbedürftigkeit als bedauernswerter, unwürdiger Ballast angesehen werden oder ob auch sie einen festen Platz in und für die Gesellschaft einnehmen können.

Mit der nun folgenden, subjektiven Schilderung möchte ich kein Mitleid erwecken, keinesfalls. Ich möchte Ihnen aus eigener Erfahrung, aus meiner subjektiven Sichtweise ein Beispiel darlegen, mit welcher Wertigkeit man mir begegnete. Ich habe dieses Beispiel zum einen gewählt, um zu verdeutlichen, dass ich weiß, wovon ich schreibe. Zum anderen möchte ich Mut machen, auch nach einer großen Enttäuschung, tiefer Trauer, vielleicht sogar auf dem Weg zum Absturz selbst zu versuchen, wiederaufzustehen, um andere Wege zu gehen. Sie werden bemerken, wie viele »gute Engel« Sie be- und geleiten. Ich hoffe sehr, dass meine Schilderung ein Einzelfall ist, bin mir jedoch sicher, dass andere Menschen unter ihrer existenziellen Herabwürdigung viel mehr leiden.

Im Alter von 35 Jahren kam es bei mir während eines Routineeingriffs in einem namhaften Herzzentrum zu erheblichen Komplikationen, welche zu einer Notoperation mit langer Reanimation führten. Abgesehen von einem äußerst fragwürdigen Aufklärungsforumular bezüglich der Risiken, wurde der Eingriff *nicht* von dem Arzt durchgeführt, welchen ich ausdrücklich, schriftlich dokumentiert, dafür bevollmächtigt hatte. Danach galt es zunächst bei vollständiger Erblindung und Bewegungsunfähigkeit, als sehr wahrscheinlich, dass ich die nächsten Tage beziehungsweise Wochen nicht überleben würde. Als sicher galt jedoch, wie sich auch bestätigte, dass ich meine Berufsfähigkeit, als relativ junger Mensch, nie wieder erlangen würde. Lebensrisiko?

Abgesehen von meiner Familie wandten sich danach zahlreiche meiner früheren Bekannten und sogenannten Freunde von mir ab. Jene, die blieben, insbesondere meine Familie, auf die war Verlass. Gott sei Dank!

Die späteren Herabwürdigungen und Beleidigungen bei den Gerichten gegenüber mir als behinderter Person waren nahezu unerträglich.

Nach einer langen, zum Ende hin vielleicht schon bedrohlichen Durststrecke beschloss ich, andere Wege zu gehen, wurde und werde heute noch dabei auch von zunehmend vielen menschlichen Engeln gut be- und geleitet. Nur den Glauben in die deutsche Justiz, meinen Fall betreffend, habe ich wohl endgültig verloren.

Fehler machen wir alle, auch ich, ausnahmslos und mit unterschiedlicher Tragweite. Die Herausforderung ist der Umgang damit. Welchen Wert messen wir uns und welchen der/dem anderen bei? Kann eine Entschuldigung nicht bereits der Türöffner zu einer Verständigung sein, von der alle profitieren? Ist es wirklich nur die Aufgabe der Staatsführung zu kontrollieren und zu handeln? Das Grundgesetz gilt für uns alle, einen jeden von uns.

Ich möchte nun zurückkommen auf den Anfang dieses Kapitels. Eine Lebensphilosophie lautet: »Mir kann ja eh nichts passieren, denn für alle meine Sünden hat sich ja schon jemand ans Kreuz nageln lassen.« Ist das wirklich der absolute »Freifahrtschein«? War das Ziel des Lebens des Menschgewordenen nicht, das Leben der Mitmenschen untereinander mit unendlicher friedvoller Weitsicht zu verändern? Finden sich solche Elemente nicht in allen friedfertigen Religionen? Zumindest erkennen die eben beschriebenen Menschen, dass Sünde etwas Negatives ist.

Leben nur »auf Teufel komm raus«. Welche Werte, im bildlich übertragenen Sinn, könnten wir ihm eines Tages mitbringen? Alles überwiegend unter seinem Reglement Angeeignete würde auf dem Weg zu ihm doch verbrennen oder schmelzen, worauf seine Endlichkeit basiert. Wovon könnte er dann noch profitieren?

Nicht zuletzt durch Aufrufe über die Medien handeln bereits viele Menschen mit dem Gefühl der Zufriedenheit unermüdlich so, dass sie und damit die Gesellschaft von ihrem Engagement mit nachhaltiger *Wert*haltigkeit profitieren können. Somit ist doch ein deutliches Licht bereits am Horizont sichtbar. Nur braucht es zunehmend Unterstützung, damit es nicht erlischt, sondern sich weiter profitabel leuchtend ausdehnen kann.

Eine nachhaltige und friedliche Gesellschaft ist der Profit der Schöpfung einer Gemeinschaft aus Individuen mit menschlichen Werten

Ich möchte nun nochmals auf das am Anfang dieses Büchleins gebrachte Zitat von Wolfgang Mocker eingehen, der bezüglich des Unterschieds zwischen Profit und Gewinn meinte: »Der Gewinn ist in der Regel kleiner.« Profitieren können alle. Gewinner grenzen sich immer von Verlierern ab.

Aber es basiert jeder Profit auch auf Spielregeln. Jede leistungsbezogene menschliche Gesellschaft braucht wirtschaftlich vermögende und weniger vermögende Menschen. Nur welche Grenzen sind notwendig, damit der eine von dem anderen dauerhaft mit Achtung und Würde profitieren kann? Jede friedliebende Gesellschaft benötigt bedauerlicherweise zu ihrer Absicherung auch den Strafvollzug und das Militär. Indem dieses dem nationalen und globalen Frieden dient, profitiert die Menschlichkeit.

Auf unserem Weg durch die Zeit befinden sich nun einige große Stolpersteine, welche wir nicht umgehen oder überspringen können. Um weitergehen zu können, müssen wir sie also aus dem Weg schaffen. Alle sind gefordert, mit anzufassen. Nur wie und wo? Ich denke, für die Umsetzung gibt es grundsätzlich zwei Varianten.

Eine *Alternative* wäre: Jeder von uns vergisst seine eigene Fantasie, sich zu positionieren. Einem jeden wird eine enorme Stärke zugesprochen und gemeinsam hebeln wir den ersten Stein auf Ansage mit einem großen braunen Hebel gewaltsam und ruckartig aus seiner Position. Aber Vorsicht: Der Stein wird unkontrolliert bewegt werden, da ein vorausschauendes, das Umfeld betreffendes Steuerungssystem fehlt. Er hinterlässt in seinem Umfeld sehr wahrscheinlich sehr große, irreparable Schäden. Schlimmstenfalls rollt er gegen den nächsten Stein und verkeilt sich in diesem. Zwei Steine sind nicht mehr zu bewegen. Der begehbare Weg wäre somit am Ende. Keiner gewinnt, keiner profitiert.

Die sichere *Möglichkeit* ist, dass ein jeder sich seines Maßes an Stärke bewusst ist und sich mit einem für ihn angepassten Hebel durch seine reale Fantasie dort am Stein positioniert, wo er gebraucht wird, um dann unter einem der Vielfalt gerecht werdenden Kommando zielgerichtet tätig zu werden. So könnte dann Stein für Stein mit Bedacht und Weitsicht sicher und dauerhaft aus dem Weg geräumt werden. Keiner verliert, alle profitieren.

Ich wünsche einem jeden von ganzem Herzen, der Bedeutung seiner menschlichen, individuellen, schöpferischen Fantasie den richtigen Wert beizumessen, um ausdauernd, mutig und mit viel Zufriedenheit in der Gemeinschaft Realitäten zu verändern, wo es nötig ist, sodass ein jeder für sich als bedeutsamer Teil der Gesellschaft von ihr nachhaltig und friedlich profitiert.

Ihr Jochen Schleef